Low Fat
schlank, gesund und vital
macht fit

WENIGER FETT IM ESSEN, MEHR POWER IM ALLTAG

Genug Energie für den Job haben, schlank bleiben und dabei satt werden, das ist das Geheimnis von Low Fat. Vielen Menschen fehlen Aktivstoffe in Form von Vitaminen, Mineralien und Kohlenhydraten. Schuld daran ist der viel zu hohe Anteil an fetten Lebensmitteln auf unseren Tellern. Daß es an gesunden Fitmachern mangelt, bemerken Sie, wenn Sie häufiger müde und unkonzentriert sind, oder Ihnen der Berufsstreß über den Kopf wächst.

Und weil jeder dritte Deutsche übergewichtig ist und oft auch die Bewegung zu kurz kommt, ist Low Fat wichtiger denn je. Low-Fat-Gerichte enthalten maximal 30 Prozent der täglichen Kalorien in Form von Fett. Die restlichen 70 Prozent der Kalorien liefern Eiweiß und Kohlenhydrate. Genau so empfiehlt es die Deutsche Gesellschaft für Ernährung (DGE). Dieses Verhältnis ist ideal für Ihr Gewicht und Ihre Gesundheit. Übergewichtige, die sich an der 30 Prozent Low-Fat-Regel orientieren, nehmen automatisch und langsam etliche Pfunde ab, und zwar ohne Diät und Hungern.

KOHLENHYDRATE MACHEN MUNTER UND AKTIV

Da rund 40 Prozent Fettkalorien in unserem täglichen Essen versteckt sind, kommen die Kohlenhydrate meistens zu kurz. Deshalb enthält eine Low-Fat-Ernährung viele Kohlenhydrate wie Kartoffeln, Brot, Nudeln und Reis. Wer davon die Vollkornvariante wählt, hat länger etwas von den positiven Low-Fat-Effekten. Denn die im Vollkorn verborgenen Ballaststoffe verzögern die Aufnahme der Kohlenhydrate ins Blut. Damit halten die Muntermacher-Effekte der Kohlenhydrate länger an. Außerdem aktivieren die Ballaststoffe mit den Milchsäurebakterien aus Joghurt, Buttermilch und Kefir auf natürliche Weise einen trägen Darm. Wer hauptsächlich sitzt und sich kaum bewegt, sollte seinen Darm zumindest mit Hilfe der Nahrung in Schwung bringen.

TIPS FÜRS FETTARME KOCHEN

Achten Sie sowohl bei der Auswahl der Nahrungsmittel als auch beim Kochen auf einen geringen Fettanteil, so sorgen Sie automatisch für ausreichend Vitalstoffe. Ganz auf Fett sollten Sie allerdings nicht verzichten. Bestimmte Fettsäuren, die vor allem in pflanzlichen Ölen und im Fisch enthalten sind, braucht der Körper unbedingt, um daraus beispielsweise wichtige Reglerstoffe aufzubauen.

Beim Kochen können Sie Fett sparen, wenn Sie einige Tips beachten:

Braten Sie Fleisch in sehr heißem Fett an: Die Poren schließen sich und nehmen kein Fett auf. Im Tontopf oder Bratschlauch garen Sie sogar ohne Fett.

Dämpfen Sie Gemüse und Fisch in einem Dämpfeinsatz. Das schont die Vitalstoffe, und Sie brauchen kein Gramm Öl oder Fett.

Dünsten Sie Gemüse oder Fisch in Wasser, statt in Öl oder Butter. Fleisch vor dem Dünsten mit Öl einpinseln und in der heißen Pfanne ganz ohne Fett zubereiten. In einer antihaftbeschichteten Pfanne können Sie auf jegliches Fett verzichten.

Fritieren paßt nicht in die fettarme Küche, denn in einer Friteuse wird fast jedes Lebensmittel zum Dickmacher. Trost für Pommes-Freunde: Fritten aus der Tiefkühltruhe garen im Backofen ohne Fett.

Grillen können Sie ebenfalls fettfrei. Das Fleisch am besten auf einer Alufolie ohne Fettzugabe auf den Grill geben.

Salatsaucen kommen mit der Hälfte an Öl aus, wenn die andere durch Gemüsebrühe ersetzt und gut mit dem Öl verrührt wird. Nehmen Sie ein aromatisches, kaltgepreßtes Öl. So kommen Sie auch mit weniger Öl auf den vollen Geschmack.

Streichfette nur dünn auf Brot und Brötchen geben oder ganz durch Schmand für süße oder Tomatenmark für pikante Beläge ersetzen.

Essen am

überzeugende Alternativen zu Fast-Food

Arbeitsplatz

SCHNELL UND SEHR VITAL-STOFFREICH

Wenn Ihr Arbeitgeber Ihnen die Möglichkeit bietet, Mitgebrachtes aufzuwärmen, dann nutzen Sie dieses Angebot und genießen Sie Ihre selbstgekochten Fitmacher in aller Ruhe an Ihrem Arbeitsplatz.

Bereiten Sie schon am Vorabend Ihr Essen für den nächsten Tag vor. Ob Lieblings- oder Schnellgericht, Lunchpaket zum Kaltessen oder eine warme Mahlzeit, wählen Sie ein Gericht nach Ihren Vorlieben aus. Alles, was Sie dazu brauchen, sind die richtigen Rezepte. Im Rezeptteil finden Sie viele Vorschläge für Ihren Berufsalltag. Die Gerichte bieten Abwechslung und reichlich Aktivstoffe. Und die Zutaten bekommen Sie fast in jedem Supermarkt. Ihr Vorteil: Sie sparen Zeit und wissen ganz genau, was Sie essen.

Verpacken Sie Ihr jobgerechtes Essen in auslaufsicheren und verschließbaren Frischhaltedosen. Das Angebot an bruchsicheren Plastikboxen ist inzwischen riesengroß. In gut sortierten Haushaltswarengeschäften oder in den entsprechenden Abteilungen der Warenhäuser können Sie zwischen verschiedenen Formen, Farben und Größen wählen.

FITNESS-FOOD FÜR DEN GANZEN TAG

Natürlich fängt eine Fitneß-Ernährung nicht erst in der Mittagspause an. Wer aktiv bleiben oder werden will, kann schon am Frühstückstisch viel dafür tun. Im Kapitel »Ideale Starter« finden Sie das Richtige für den Start in den Tag. Ab Seite 44 bekommen Sie Anregungen für ein warmes Abendessen.

Auch Liebhaber von süßen Genüssen kommen mit fruchtigen Desserts auf Ihre Kosten. Wenn Sie am Arbeitsplatz Mitgebrachtes nicht aufwärmen können, tauschen Sie das warme Mittagessen einfach durch die Abendmahlzeit aus.

Low Fat zu essen heißt nicht, auf Geschmack zu verzichten. Wer fettarm kocht, kann mit einem optimalen Zutaten-Mix trotzdem aromareich genießen. Experimentieren Sie mit reichlich Kräutern wie Basilikum, Thymian, Rosmarin, Schnittlauch oder Petersilie und Gewürzen, zum Beispiel Muskatnuß, Currypulver, Senf und Pfeffer. Probieren Sie öfters mal etwas Neues aus und kaufen Sie viele frische und fettarme Produkte. So kommen Sie auf nur 30 Prozent Fettkalorien, aber auf 100 Prozent Geschmack.

PROBLEM: MITTAGSPAUSE

Wenn Sie am Arbeitsplatz nicht die Möglichkeit haben, sich etwas zuzubereiten,
müssen Sie nicht unbedingt auf Fast-Food-
Restaurants ausweichen. Entscheiden Sie
sich stattdessen für Gerichte, die Sie nicht
wieder aufwärmen müssen, zum Beispiel
Sandwiches oder Salate. Und sollten Sie mit
Ihren Kollegen dann doch einmal ins Re-
staurant gehen, brauchen Sie mit einem
Low-Fat-Essen nicht gleich zum Außenseiter
zu werden. Schließlich finden Sie auf den
Speisekarten vieler Restaurants und sicher
auch in Ihrer Kantine mittlerweile Low-Fat-
Alternativen. Mit diesen Tips können Sie die
Low-Fat-Regel – maximal 30 Prozent Fett –
leicht einhalten und dabei das Essen trotzdem genießen.

✽ Den Salat ohne Dressing bestellen und
selbst Öl und Essig zugeben. So können
Sie die Ölmenge selbst dosieren.

✽ Der gehaltvollen Cremesuppe eine
klare Brühe vorziehen.

✽ Die Hauptspeise sollte aus frischem
Gemüse, Fisch oder Meeresfrüchten,
Reis oder Kartoffeln bestehen.

✽ Sparen Sie an der Sauce.

✽ Bestellen Sie keine Gratins mit Käse,
dann sind Sie auf der sicheren Seite.

✽ Beim Dessert Fruchtsalaten, Roter Grütze
oder anderen Nachspeisen mit viel Obst
den Vorzug geben.

Low Fat

für mehr Vitalität und neuen Schwung

für jeden Anlaß

Nicht nur Menschen, die über ein paar Pfunde zuviel klagen, kommen mit den Rezepten in diesem Buch auf ihre Kosten, sondern auch jene, die auf bewußte Ernährung achten und ihren Körper gezielt aufpeppen möchten. Der nebenstehenden Tabelle können Sie entnehmen, welche Gerichte sich wann am besten eignen. Alle bieten Vital- und Fitneßstoffe pur und kurbeln Ihren Stoffwechsel bei Bedarf optimal an.

✳ Manche Gerichte strotzen nur so vor Mineralstoffen, die Ihnen vor allem im Fitneß-Studio und beim Sport Kraft und Ausdauer verleihen.

✳ Andere enthalten nicht nur wenige, aber hochwertige Fette, sondern gleichzeitig reichlich Vitamine, die Herz und Kreislauf jung halten.

✳ Und in anderen überwiegen bestimmte Vitalstoffe, die ideal für Menschen sind, die sich schnell eine Grippe einhandeln, weil Ihr Immunsystem zu wenig stärkende Power-stoffe erhält.

✳ Vegetarier finden originelle fleisch- und fischfreie Anregungen in der letzten Spalte der Tabelle. Vorschläge fürs Frühstück und fürs Dessert werden hier nicht aufgelistet.

FÜR FITNESS-FANS – VIELE MINERALSTOFFE

Honigsüßer Sonnenaufgang

Guten-Morgen-Fruchtbrötchen

Zwei-Minuten-Frühstück

Flocken-Müsli Classico

Tomatenbrötchen mit Radieschen

Marinierte Mittelmeer-Gemüse

Rucolasalat mit Melone

Tex-Mex-Salat mit Kidneybohnen

Fruchtiger Kohlrabisalat

Geflügelsalat mit Chicorée

Kalte Tomatensuppe auf die Schnelle

Fenchel-Orangen-Salat

Süßes Früchtebrötchen

Süß-pikantes Vollkorn-Sandwich

Würziger Gemüse-Shake

Bananen-Power-Drink

Gemüse-Topf mit Schweinefleisch

Staudensellerie-Orangen-Reis

Gemüsereis mit Parmesan

Zucchini-Geflügelsuppe

Früchtegelee in Form

Süßer Hirserisotto mit Mango

Trauben im Quarkauflauf

Polenta-Früchtebrot mit Vanillesauce

FÜR HERZ UND KREISLAUF – GESUNDE FETTE & VITAMINE

Joghurt-Beeren-Flakes

Zwei-Minuten-Frühstück

Flocken-Müsli Classico

Apfel-Mango-Müsli

Marinierte Mittelmeer-Gemüse

Tex-Mex-Salat mit Kidney-bohnen

Fruchtiger Kohlrabisalat

Geflügelsalat mit Chicorée

Kalte Tomatensuppe auf die Schnelle

Fenchel-Orangen-Salat

Sprossen-Sandwich mit Käse

Würziger Gemüse-Shake

Weißkohl-Seelachs-Päckchen

Nudelauflauf mit Thunfisch

Gemüse-Topf mit Schweine-fleisch

Gemüsereis mit Parmesan

Zucchini-Geflügelsuppe

Nudeln mit Krabben

Asienpfanne mit Schweine-filet

Feldsalat mit Forellenfilet

Früchtegelee in Form

Polenta-Früchtebrot mit Vanillesauce

VITALSTOFFE GEBEN DER ABWEHR NEUE KRAFT

Gefüllte Melone mit Orangen

Guten-Morgen-Frucht-brötchen

Zwei-Minuten-Frühstück

Tomatenbrötchen mit Radieschen

Apfel-Mango-Müsli

Marinierte Mittelmeer-Gemüse

Fruchtiger Kohlrabisalat

Geflügelsalat mit Chicorée

Sauerkraut mit Ananas

Fenchel-Orangen-Salat

Süß-pikantes Vollkorn-Sandwich

Würziger Gemüse-Shake

Bananen-Power-Drink

Weißkohl-Seelachs-Päckchen

Rinderfilet mit Brokkoli-Reis

Gemüse-Topf mit Schweine-fleisch

Gemüsereis mit Parmesan

Überbackene Fenchelhälften

Feldsalat mit Forellenfilet

Polenta-Pizza mit Paprika

Früchtegelee in Form

Süßer Hirserisotto mit Mango

VEGETARISCHE SNACKS UND HAUPTGERICHTE

Marinierte Mittelmeer-Gemüse

Rucolasalat mit Melone

Italienischer Spaghettisalat

Tex-Mex-Salat mit Kidney-bohnen

Fruchtiger Kohlrabisalat

Sauerkraut mit Ananas

Kalte Tomatensuppe auf die Schnelle

Fenchel-Orangen-Salat

Fruchtquark-Sandwich

Süßes Früchtebrötchen

Sprossen-Sandwich mit Käse

Baguettebrötchen Rot-Grün

Würziger Gemüse-Shake

Bananen-Power-Drink

Birnen-Buttermilch-Flip

Staudensellerie-Orangen-Reis

Kartoffeln mit Sprossen-Sahne

Kartoffel-Sellerie-Auflauf

Gemüsereis mit Parmesan

Tomaten-Mozzarella-Boote

Polenta-Pizza mit Paprika

Power-

schlemmen Sie sich schlank

woche

FIT STATT FETT

Pfunde auf gesunde Weise zu verlieren gelingt Ihnen mit diesen Low-Fat-Rezepten. Schließlich kommen Sie damit genau auf die optimale Nährstoffkombination, die Ihr Stoffwechsel braucht: kein Gramm Fett zuviel und ausreichend Kohlenhydrate. Ihnen wird es also an nichts fehlen. Kein Hunger wird Sie quälen, und Ihr Drang nach Aktivität wächst. Setzen Sie diese ungewohnte Power in mehr Bewegung und Sport um. Dann nehmen Sie besser ab und heizen Ihren Stoffwechsel langfristig an.

DER WOCHENPLAN:
1 KILO WENIGER IN 7 TAGEN

Lecker essen und dabei Gewicht verlieren, wer träumt nicht davon. Mit den Rezepten in den folgenden Kapiteln klappt es. Dabei können Sie gerne die Mittagsmahlzeit gegen das Abendessen austauschen. Sämtliche Rezepte sind so konzipiert, daß Sie im Durchschnitt nur etwa 30 Gramm Fett pro Tag essen. Erfahrungsgemäß werden Sie deshalb pro Woche etwa 1 Kilogramm abnehmen. Wenn Sie viel Wasser eingelagert haben, können es sogar mehr Pfunde sein.

NICHT VERGESSEN:
VIEL TRINKEN

Getränke-Vorschläge werden im Wochenplan nicht gemacht. Doch auch wenn Sie keinen Durst haben, sind Getränke beim Abnehmen besonders wichtig. Trinken Sie mindestens 1,5 Liter pro Tag, besser sind 2 Liter. So können beim Abnehmen eventuell anfallende Stoffwechselgifte besser ausgeschwemmt werden. Mineralwasser, mit Wasser verdünnte Säfte oder auch Kräutertees eignen sich besonders gut. Denn sie versorgen Sie mit Vitalstoffen.

MIT FETTARMEN SNACKS
GEGEN DEN STRESS

Wenn Sie oft unter Strom stehen, sollten Sie sich zwischendurch kleine Snacks genehmigen. Etwas Obst, einige Paprika- oder Kohlrabistifte, Radieschen oder Reiswaffeln stillen den kleinen Hunger und halten Sie fit, ohne daß ein zusätzliches Gramm Fett Ihren Erfolg beim Abnehmen schmälert. Zusätzlich können Sie sich mit einem fettarmen Joghurt, einem Obstquark aus Magerquark oder einem Fruchtsaft aus jedem Stimmungstief wieder herausholen.

WOCHENPLAN

Montag

* Joghurt-Beeren-Flakes
* Nudelauflauf mit Thunfisch
* Baguettebrötchen Rot-Grün

Dienstag

* Flocken-Müsli Classico; dazu Birnen-Buttermilch-Flip
* Tomaten-Mozzarella-Boote
* Zucchini-Geflügelsuppe

Mittwoch

* Tomatenbrötchen mit Radieschen
* Trauben im Quarkauflauf * Zwischensnack: Fruchtiger Kohlrabisalat
* Marinierte Mittelmeer-Gemüse

Donnerstag

* Honigsüßer Sonnenaufgang
* Rindfleisch mit Champignons
* Rucolasalat mit Melone * Früchtegelee in Form

Freitag

* Süßes Früchtebrötchen
* Kalte Tomatensuppe auf die Schnelle
* Nudeln mit Krabben

Samstag

* Bananen-Power-Drink
* Tex-Mex-Salat mit Kidneybohnen
* Kartoffel-Sellerie-Auflauf * Überbackene Pfirsiche

Sonntag

* Apfel-Mango-Müsli
* Sprossen-Sandwich mit Käse * Zwischensnack: Würziger Gemüse-Shake
* Weißkohl-Seelachs-Päckchen

Gefüllte

genug Vitamin C

Melone mit

für den ganzen Tag

Orangen

Zutaten für 2 Personen: • 1 kleine Honigmelone • 2 Birnen • 2 Orangen
• 1 Becher fettarmer Joghurt (1,5 % Fett) • 1 TL Honig • Zimtpulver

Die Honigmelone quer halbieren, die Kerne mit einem Eßlöffel heraus-
lösen. Birnen halbieren, schälen, vom Kerngehäuse befreien und kleinschneiden. Orangen schälen, dabei auch die weiße Haut vollständig entfernen. Die Fruchtsegmente mit einem Messer zwischen den Trennhäutchen herausschneiden. Mit den Birnenstücken unter den Joghurt rühren.
Mit Honig und Zimt abschmecken. Die Mischung auf die Melonenhälften
geben. Nach Belieben mit etwas Zimt bestreut servieren.

power

PRO PORTION: 302 KCAL • 6 g EW • 2 g F • 65 g KH

Guten-Morgen-

der schnelle Energieschub

Fruchtbrötchen

Zutaten für 2 Personen: • 3 Vollkornbrötchen • 3 EL Magerquark • 1 Banane • 2 Kiwis • 1 Vanilleschote
• Puderzucker nach Belieben

Brötchen halbieren und die Hälften dünn mit Quark bestreichen. Banane und Kiwis schälen, jeweils einige Scheiben abschneiden und beiseite legen. Restliches Fruchtfleisch pürieren. Vanilleschote längs aufschlitzen, das Mark herauskratzen und zum Fruchtpüree geben. Mit Puderzucker abschmecken, auf die Brötchenhälften streichen und mit den übrigen Fruchtscheiben garnieren.

PRO PORTION: 257 Kcal • 9 g EW • 3 g F • 70 g KH

Zwei-Minuten-

fruchtige Fitmacher aus dem Glas

Frühstück

Zutaten für 2 Drinks: • 200 ml Orangensaft • 100 ml naturtrüber Apfelsaft • 100 ml schwarzer Johannisbeersaft • 1 EL Haferkleie-Flocken • Honig • 2 EL Beeren nach Belieben

Den Orangen-, Apfel- und Johannisbeersaft mit den Haferkleie-Flocken verrühren. Je nach Geschmack mit etwas Honig süßen. Die Beeren waschen, putzen, größere halbieren oder vierteln. Die Drinks in Gläser geben und mit den Beeren garniert servieren.

PRO DRINK: 115 Kcal • 2 g EW • 1 g F • 23 g KH

Joghurt-Beeren-Flakes

bärenstarker Start in den Tag

Zutaten für 2 Personen: • 100 g Beeren, gemischt oder je nach Saison • 200 g fettarmer Joghurt
(1,5 % Fett) • Honig nach Belieben • 80 g Cornflakes

Beeren waschen, putzen, größere eventuell halbieren und einige zum Garnieren beiseite legen.
Die restlichen Beeren mit einer Gabel grob zerdrücken, mit dem Joghurt in einer Schüssel verrühren und je nach Süße der Beeren mit Honig abschmecken. Die Cornflakes unter den Beeren-
joghurt geben und mit den übrigen Beeren garnieren.

power

PRO PORTION: 246 KCAL • 6 g EW • 2 g F • 52 g KH

Honigsüßer Sonnenaufgang

mit Melonenkugeln und Orangenfilets

Zutaten für 2 Personen: • 1/2 Honigmelone • 2 Orangen • 80 g Cornflakes • 100 ml Orangensaft
• 1 Becher fettarmer Joghurt (1,5 % Fett) • Honig nach Belieben • Beeren zum Garnieren

Melonenhälfte entkernen. Aus dem Fruchtfleisch mit einem Kugelausstecher kleine Kugeln aus-
stechen. Orangen schälen, dabei auch die weiße Haut entfernen. Die Fruchtsegmente mit einem
Messer zwischen den Trennhäuten herausschneiden. Mit den Melonenkugeln unter die Cornflakes rühren. Mit Orangensaft und Joghurt verrühren und je nach Geschmack Honig zugeben.
Beeren waschen und obenauf geben.

power

PRO PORTION: 338 KCAL • 8 g EW • 2 g F • 71 g KH

Flocken-Müsli

bewährter Fitmacher-Mix

Classico

Zutaten für 2 Personen:
10 EL Getreideflocken,
gemischt
1 EL Hefeflocken
400 ml fettarme Milch
(1,5 % Fett)
2 Bananen
2 große Äpfel
4 EL Rosinen
Honig
1 Orange

Die Getreide- und Hefeflocken in die Milch geben. Die Bananen schälen, eine Banane zur Hälfte in Scheiben schneiden, übrige Bananen grob mit einer Gabel zerdrücken. Die Äpfel gründlich waschen, abtrocknen und mit der Schale ohne die Kerngehäuse grob raspeln. Apfelraspel sofort mit dem Bananenpüree unters Flocken-Müsli rühren. Mit Rosinen und je nach Geschmack mit Honig süßen.

Die Orange schälen, dabei auch die weiße Haut vollständig entfernen. Die Fruchtsegmente mit einem Messer zwischen den Trennhäuten herausschneiden. Das Müsli nach Belieben mit den Orangenfilets und Bananenscheiben garnieren und sofort servieren.

Müsli zum Mitnehmen

Sie können das Flocken-Müsli auch als zweites Frühstück am Arbeitsplatz genießen. Dafür die Flocken mit den Apfelraspeln und Orangenfilets, Rosinen und Honig mischen und in einer Box verpacken. Banane mit der Milch pürieren, in eine fest verschließbare Plastikflasche umfüllen und erst in der Frühstückspause unter die Flockenmischung rühren.

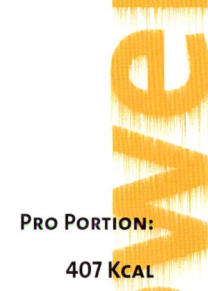

PRO PORTION:

407 KCAL

11 g EW • 5 g F

86 g KH

Tomatenbrötchen

pikanter Muntermacher fast ohne Fett

mit Radieschen

Zutaten für 2 Personen:
4 Vollkornbrötchen
2 EL Magerquark
2 große Tomaten
4 Radieschen
1 kleine Zwiebel
1/4 Bund Schnittlauch
Jodsalz
schwarzer Pfeffer

Die Vollkornbrötchen halbieren und die Hälften dünn mit dem Magerquark bestreichen. Die Tomaten waschen, vom Stielansatz befreien und in Scheiben schneiden. Die Radieschen putzen, waschen und in Scheiben schneiden. Die Zwiebel schälen und in Ringe schneiden. Die Zwiebelringe mit den Tomaten- und Radieschenscheiben auf die Brötchenhälften legen.

Den Schnittlauch waschen, trockenschütteln und in Röllchen schneiden und darüber streuen. Die Brötchen je nach Geschmack mit Salz und Pfeffer würzen.

Vollkornprodukte

Brot und Brötchen aus vollem Korn bleiben länger frisch als ihre Konkurrenten aus Weißmehl. Sie überstehen gut einige Stunden in einer fest verschließbaren Frühstücksbox, ohne daß sie austrocknen und nicht mehr schmecken.

PRO PORTION:

226 KCAL

11 g EW • 1 g F

43 g KH

power

Birnen-
würzig dank Preiselbeeren und Pfeffer
Frühstücks-Brote

Zutaten für 2 Personen: • 2 große süße Birnen • 150 g Hüttenkäse • 4 TL Preiselbeermarmelade
• 4 Scheiben Vollkornbrot • schwarzer Pfeffer

Die Birnen halbieren, schälen, vom Kerngehäuse befreien und in Scheiben schneiden. Den Hüttenkäse mit der Hälfte der Preiselbeermarmelade verrühren. Die Brotscheiben mit dem Hüttenkäse bestreichen. Die Birnenscheiben darauf legen, leicht pfeffern und mit der restlichen Preiselbeermarmelade garnieren.

power

PRO PORTION: 294 KCAL • 19 g EW • 5 g F • 46 g KH

Apfel-Mango-
mit Kokosflocken und Honig
Müsli

Zutaten für 2 Personen: • 10 EL grobe Haferflocken • 1 EL Kokosflocken • 400 ml fettarme Milch
(1,5 % Fett) • 1 Apfel • 1 Mango • Honig nach Belieben

Haferflocken und Kokosflocken in die Milch geben. Apfel waschen, halbieren, schälen, vom Kerngehäuse befreien und in Stifte schneiden. Mango links und rechts vom Stein durchschneiden, das Fruchtfleisch von der Schale lösen und kleinschneiden. Apfelstifte und Mangostücke zu den Flocken geben und alles gut verrühren. Nach Geschmack mit Honig süßen.

power

PRO PORTION: 256 KCAL • 7 g EW • 6 g F • 43 g KH

Marinierte
ideal zum Mitnehmen
Mittelmeer-Gemüse

Den Staudensellerie waschen, putzen und in sehr feine Streifen schneiden.

Den Zucchino waschen, putzen und in Würfel schneiden. Die Paprikascho-

ten halbieren, von Stielansatz, Kernen und Trennhäutchen befreien, waschen und ebenfalls in kleine
Würfel schneiden. Staudenselleriestreifen, Zucchini-
und Paprikawürfel in eine Schüssel geben, kräftig
salzen und pfeffern.

Die Frühlingszwiebeln waschen, putzen und sehr fein
schneiden. Das Olivenöl in einer Pfanne erhitzen. Die
Frühlingszwiebeln darin bei mittlerer Hitze anbraten.
Die passierten Tomaten dazugeben und bei schwacher Hitze etwas einkochen lassen.

Zutaten für 2 Personen:
100 g Staudensellerie
1 kleine Zucchino
2 große rote Paprikaschoten
Jodsalz
Pfeffer
2 Frühlingszwiebeln
1 EL Olivenöl
100 ml passierte Tomaten
(Fertigprodukt)
1 kleiner Zweig Rosmarin
4 Scheiben Weißbrot

Die Tomatenpüree-Mischung unter das Gemüse rühren und in der Schüssel

mindestens 1 Stunde durchziehen lassen. Rosmarin waschen und das

Gemüse damit garnieren. Mit Weißbrot servieren.

power

PRO PORTION: 197 KCAL • 3 g EW • 6 g F • 33 g KH

Rucolasalat
mit frisch geriebenem Parmesan
mit Melone

Zutaten für 2 Personen: • 100 g Rucola • 1 kleine Galiamelone • 2 TL Himbeeressig • 2 TL Zitronensaft • Jodsalz • schwarzer Pfeffer • 1 TL Olivenöl • 20 g Parmesan

Rucola waschen, verlesen und ohne die groben Stiele hacken. Galiamelone halbieren, von den Kernen befreien, das Fruchtfleisch herauslösen und kleinschneiden. Mit dem Rucola vermengen. Himbeeressig, Zitronensaft, Salz, Pfeffer und Olivenöl verrühren. Rucola und Melonenstücke darin wenden und auf Tellern anrichten. Parmesan darüber hobeln und servieren.

PRO PORTION: 163 KCAL • 7 g EW • 4 g F • 25 g KH

Italienischer
schmeckt auch lauwarm ausgezeichnet
Spaghettisalat

Zutaten für 2 Personen: • 80 g Spaghetti • Jodsalz • 8 Cocktailtomaten • 1 kleiner Zucchino • 100 g Mozzarella • 4 Zweige Basilikum • schwarzer Pfeffer • 1 TL Apfelessig

Spaghetti in Salzwasser bißfest garen, dann abgießen, kalt abschrecken und abtropfen lassen. Tomaten waschen, vierteln und dabei von den Stielansätzen befreien. Zucchino waschen, putzen und klein würfeln. Mozzarella abtropfen lassen und ebenfalls klein würfeln. Basilikum waschen, trockenschütteln und die Blätter hacken. Alles mit den Spaghetti vermengen. Mit Salz, Pfeffer und Essig abschmecken.

PRO PORTION: 271 KCAL • 16 g EW • 9 g F • 33 g KH

Tex-Mex-Salat mit
in wenigen Minuten zubereitet
Kidneybohnen

Zutaten für 2 Personen: • 4 Cocktailtomaten • 1 kleine Zwiebel • 3 EL Kidneybohnen (aus der Dose) • 100 g Mais (aus der Dose) • 1/2 Bund Petersilie • 2 TL Aceto balsamico • Jodsalz • schwarzer Pfeffer

Cocktailtomaten waschen, vierteln und dabei von den Stielansätzen befreien. Zwiebel schälen, halbieren und sehr fein würfeln. Mit Tomatenviertel, Kidneybohnen und Mais vermengen. Petersilie waschen, trockenschütteln, die Blätter fein hacken und zum Salat geben. Mit Aceto balsamico, Salz und Pfeffer abschmecken.

PRO PORTION: 125 KCAL • 6 g EW • 1 g F • 23 g KH

Fruchtiger
mit Äpfeln und Trauben
Kohlrabisalat

Zutaten für 2 Personen: • 1 mittelgroßer Kohlrabi • 2 Äpfel • 100 g kernlose Weintrauben • Saft von 1/2 Zitrone • Saft von 1 Orange • Jodsalz • schwarzer Pfeffer

Kohlrabi schälen und grob raspeln. Äpfel waschen, halbieren, vom Kerngehäuse befreien und klein würfeln. Trauben gründlich waschen, von den Stengeln zupfen und halbieren. Äpfel und Trauben unter die Kohlrabiraspeln geben. Mit dem Zitronen- und Orangensaft vermischen. Mit Salz und Pfeffer abschmecken.

PRO PORTION: 130 KCAL • 2 g EW • 1 g F • 31 g KH

Geflügelsalat

reichlich B-Vitamine für die Nerven

mit Chicorée

Die Putenbrust waschen und mit Küchenpapier trockentupfen. Das Öl in einer Pfanne erhitzen. Die Putenbrust darin bei mittlerer Hitze von beiden Seiten etwa 5 Minuten anbraten. Den Saft der Zitrone auspressen und mit etwas Paprikapulver, Salz und Pfeffer mischen. Die Putenbrust mit der Marinade bepinseln und 10 Minuten abkühlen lassen.

Zutaten für 2 Personen:
150 g Putenbrust
1 TL Pflanzenöl
1 Zitrone
Paprikapulver edelsüß
Jodsalz
schwarzer Pfeffer
2 Stauden Chicorée
2 Orangen

Inzwischen den Chicorée putzen, waschen, halbieren, die Strünke keilförmig herausschneiden und den unteren Teil in Scheiben schneiden. Die oberen Chicoréeblätter auf Tellern anrichten.

Die Orangen schälen, dabei auch die weiße Haut vollständig entfernen. Die Fruchtsegmente mit einem Messer zwischen den Trennhäuten herausschneiden. Die Putenbrust in Würfel schneiden, mit den Orangenfilets und den Chicoréescheiben vermengen. Mit Paprikapulver, Salz und Pfeffer abschmecken und auf den Tellern verteilen. Zum Mitnehmen den Salat in eine gut verschließbare Plastikbox geben.

power

PRO PORTION: 175 KCAL • 21 g EW • 3 g F • 15 g KH

Sauerkraut mit

aktiviert nicht nur den Darm

Ananas

Zutaten für 2 Personen: • 3 EL Rosinen • 100 g Sauerkraut • 1 kleine Ananas • 2 EL Apfelsaft

Die Rosinen in kochendheißem Wasser einweichen. Das Sauerkraut mit einer Gabel lockern. Die Ananas längs vierteln und den harten Mittelstrunk herausschneiden. Das Fruchtfleisch von der Schale trennen und kleinschneiden. Die Rosinen in einem Sieb abtropfen lassen und mit den Ananasstücken unter das Sauerkraut geben. Sollte das Kraut sehr trocken sein, den Apfelsaft zugeben und 1 Stunde ziehen lassen.

PRO PORTION: 208 KCAL • 2 g EW • 1 g F • 48 g KH

Kalte Tomatensuppe

mit Magnesium gegen Streßbeschwerden

auf die Schnelle

Zutaten für 2 Personen: • 400 ml Tomatensaft • 200 ml Gemüsebrühe • Jodsalz • schwarzer Pfeffer • 2 Spritzer Tabasco • 1/2 TL mildes Currypulver • 1/2 unbehandelte Zitrone • 4 Basilikumblätter

Den Tomatensaft und die Gemüsebrühe verrühren, mit Salz, Pfeffer, Tabasco und Curry würzen. Die Zitronenschale dünn abreiben. Die Suppe mit der Zitronenschale abschmecken und kalt stellen. Basilikum fein hacken. Die Suppe mit dem Basilikum bestreut servieren.

PRO PORTION: 167 KCAL • 18 g EW • 6 g F • 9 g KH

Fenchel-
enthält viel Eisen und Vitamin C
Orangen-Salat

Den Fenchel waschen, putzen und längs halbieren. Die Fenchelhälften in sehr dünne Scheiben schneiden. Eine Orange schälen, dabei auch die weiße Haut vollständig entfernen. Die Fruchtsegmente mit einem Messer zwischen den Trennhäuten herausschneiden. Die Schalotte schälen, halbieren und kleinschneiden. Den Radicchio putzen, waschen und die Blätter je nach Größe teilen.

Radicchio mit den Fenchelscheiben, den Schalottenwürfeln und den Orangenfilets vermengen. Für das Dressing den Saft der übrigen Orange auspressen. Den Orangensaft mit Senf, Essig, Salz und Pfeffer verrühren. Das Öl unterrühren. Den Salat mit dem Dressing anmachen und 20 Minuten ziehen lassen.

Zutaten für 2 Personen:
1 Fenchelknolle
2 Orangen
1 Schalotte
1/2 kleiner Radicchio
1 TL Senf
1 TL Weinessig
Jodsalz
Pfeffer
2 TL Walnußöl

Fenchel
Die beliebte, hellgrüne Knolle ist eine große Vitamin-C-Bombe, mit der weder Kiwis, Orangen noch Grapefruits mithalten können. Außerdem hat Fenchel mehr Vitamin A als Möhrensaft oder Spinat. Und er kommt fast auf den Kalziumgehalt von Vollmilch, aber nicht mal auf ein Zehntel ihrer Fettmenge.

PRO PORTION:
136 KCAL
6 g EW • 4 g F
20 g KH

power

Fruchtquark-
die süße, vegetarische Variante
Sandwich

Die Brötchen halbieren und jeweils eine Hälfte mit Butter bestreichen. Die Salatblätter waschen, abtropfen lassen und auf die Brötchenhälften legen.

Apfel und Pfirsich gründlich waschen und halbieren. Den Apfel vom Kerngehäuse befreien. Den Pfirsich vom Stein trennen. Apfel- und Pfirsichhälften in feine Würfel schneiden. Die Apfel- und Pfirsichwürfel unter den Magerquark rühren und den Fruchtquark auf den Salatblättern verteilen.

Die Orange schälen, dabei auch die weiße Haut vollständig entfernen. Die Fruchtsegmente mit einem Messer zwischen den Trennhäuten herausschneiden. Die Orangenfilets auf den Fruchtquark geben und mit den übrigen Brötchenhälften bedecken.

Zutaten für 2 Personen:
2 Baguettebrötchen
1 EL Butter
einige Salatblätter
(Lollo Biondo)
1 kleiner Apfel
1 Pfirsich
5 EL Magerquark
1 Orange

Der Frischhalte-Trick

Damit das Sandwich auch nach Stunden noch knackig und nicht trocken ist, wickeln Sie es am besten in mehrere Salatblätter ein und nehmen Sie es in einer Frischhaltebox mit zur Arbeit.

PRO PORTION:

343 KCAL

10 g EW • 5 g F

18 g KH

Süßes

fürs zweite oder erste Frühstück

Früchtebrötchen

Brötchen quer halbieren und die Hälften jeweils mit 1 Eßlöffel Schmand bestreichen. Die zarten inneren Kopfsalatblätter waschen, gut abtropfen lassen und auf die beiden unteren Brötchenhälften legen. Banane schälen und in Scheiben schneiden. Die Orange schälen, dabei auch die weiße Haut vollständig entfernen. Die Fruchtsegmente mit einem Messer zwischen den Trennhäuten herausschneiden. Die Bananenscheiben, Orangenfilets und Rosinen unter den Frischkäse rühren, eventuell etwas Orangensaft zugeben.

Die Masse auf die Salatblätter geben und mit den oberen Brötchenhälften bedecken.

Zutaten für 2 Personen:
2 Sesam-Vollkornbrötchen
4 EL Schmand
4 innere Kopfsalatblätter
1 Banane
1 Orange
1 EL Rosinen
3 EL Frischkäse (0,2 % Fett)
1 TL Orangensaft nach Belieben

Schmand

Anstelle von Butter und Margarine können Sie Schmand verwenden. Er enthält nur ein Viertel so viel Fett. Auch bei Rezepten mit Crème fraîche können Sie leicht entfetten, indem Sie die Hälfte durch Schmand ersetzen.

PRO PORTION:

263 KCAL

7 g EW • 8 g F

42 g KH

power

Sprossen-Sandwich

kerniger Vollkornsnack mit Keimen

mit Käse

Zutaten für 2 Personen: • 4 EL Sojasprossen • 4 EL saure Sahne • Mineralwasser • Jodsalz • Pfeffer • 2 Tomaten • 4 Scheiben Vollkornbrot • 2 TL Tomatenmark • 2 Scheiben Schnittkäse (30 % Fett i. Tr.)

Sprossen waschen, mit saurer Sahne verrühren und mit etwas Mineralwasser cremig rühren. Mit Salz und Pfeffer würzen. Die Tomaten waschen und ohne die Stielansätze in Scheiben schneiden. Brotscheiben dünn mit Tomatenmark bestreichen, zwei Scheiben mit der Sprossen-masse bestreichen, mit Tomaten, Käse und je einer Brotscheibe bedecken.

power

PRO PORTION: 329 KCAL • 18 g EW • 9 g F • 44 g KH

Baguettebrötchen

würzig frischer Snack für zwischendurch

Rot-Grün

Zutaten für 2 Personen: • 4 Radieschen • 1/2 Bund Schnittlauch • 2 kleine Gewürzgurken • 4 Oliven • 1/2 TL Senf • 2 EL Schmand • 4 Blätter Friséesalat • 2 Baguettebrötchen • 2 TL Tomatenmark

Die Radieschen putzen, waschen und kleinschneiden. Schnittlauch waschen und in Röllchen schneiden. Gurken und Oliven kleinschneiden. Alles mit Senf und Schmand verrühren. Salat-blätter waschen und abtropfen lassen. Brötchen halbieren, je eine Hälfte dünn mit Tomaten-mark bestreichen. Salatblätter und die Gemüse-Schmand-Mischung darauf geben und mit der oberen Brötchenhälfte bedecken.

power

PRO PORTION: 238 KCAL • 7 g EW • 3 g F • 46 g KH

Süß-pikantes

enthält viel Eisen und gibt Energie

Vollkorn-Sandwich

Das Vollkornbrot leicht toasten. Eisbergsalat waschen, trockenschütteln und von den Blättern die Rippen herausschneiden. Die Apfelhälfte schälen, vom Kerngehäuse befreien und mit einer Gabel zerdrücken. Mit den Preiselbeeren und der Leberwurst verrühren.

Zwei Vollkornbrotscheiben mit je zwei Salatblättern belegen. Darauf die Leberwurstmasse dick verstreichen, wieder eine Scheibe Brot darauf legen und diese mit Schinken und Eisbergsalatblättern belegen. Mit den restlichen Brotscheiben bedecken und das Sandwich einmal diagonal durchschneiden.

Zutaten für 2 Personen:
6 Scheiben Vollkorntoast
6 Blätter Eisbergsalat
1/2 mürben Apfel
1 EL Preiselbeeren
20 g magere Leberwurst
60 g gekochten mageren Schinken

Light ist nicht gleich fettarm

Viele Wurst- und Käsesorten gibt es auch in einer Light-Variante, bei der Sie gegenüber der vollfetten Version Fett sparen können. Achten Sie aber immer auf den absoluten Fettgehalt. Denn »Light« heißt nicht »fettarm«. So können 100 Gramm »Light-Salami« immer noch 24 Gramm Fett enthalten.

PRO PORTION:
406 KCAL
19 g EW • 11 g F
58 g KH

power

Würziger

mit vielen Fitmacher-Mineralien

Gemüse-Shake

Zutaten für 2 Drinks: • 12 Radieschen • 50 g Brokkoli • 200 ml Tomatensaft • schwarzer Pfeffer • Currypulver • 150 ml Mineralwasser • 5 Stengel Schnittlauch

Radieschen und Brokkoli putzen und waschen, dabei vom Brokkoli nur die äußeren kleinen Röschen verwenden. Radieschen und Brokkoli mit Tomatensaft pürieren und durch ein Sieb geben. Mit Pfeffer und etwas Curry würzen. Mit dem Mineralwasser auffüllen und in Gläser geben. Den Schnittlauch waschen und in Röllchen schneiden. Den Drink mit Schnittlauch und Pfeffer bestreut servieren.

PRO DRINK: 30 KCAL • 2 g EW • 1 g F • 5 g KH

Birnen-

frisch-fruchtiger Muntermacher-Mix

Buttermilch-Flip

Zutaten für 2 Drinks: • 2 Birnen • 400 ml Buttermilch • Zucker • 1 EL Kokosflocken

Die Birnen schälen, halbieren, vom Kerngehäuse befreien und mit der Buttermilch pürieren. Mit etwas Zucker nach Belieben abschmecken. Den Rand von zwei Gläsern etwa 1 cm tief erst in Zuckerwasser und dann in Kokosflocken tauchen. Den Drink einfüllen, mit den restlichen Kokosflocken bestreuen und sofort servieren.

PRO DRINK: 146 KCAL • 4 g EW • 3 g F • 26 g KH

Bananen-Power-

Magnesium und Vitamin C halten fit

Drink

Die Bananen schälen, einige Scheiben abschneiden und mit 1 Teelöffel
Orangensaft beträufeln, damit sie nicht braun werden. Restliche Bananen,
Orangensaft und Erdnußmus mit dem Pürierstab
pürieren. Die Vanilleschoten längs aufschlitzen, das
Mark mit einem Messer herauskratzen, unter den
Drink rühren und mit Zucker nach Belieben ab-
schmecken. Den Drink auf zwei Gläser verteilen.
Orange schälen, dabei auch die weiße Haut voll-
ständig entfernen. Die Fruchtsegmente mit einem
Messer zwischen den Trennhäuten herausschneiden. Die Orangenfilets
und Bananenscheiben auf Spießchen stecken, mit dem Drink servieren.

Zutaten für 2 Drinks:
2 Bananen
400 ml Orangensaft
1 TL Erdnußmus
2 Vanilleschoten
Zucker
1 Orange
2 kleine Spießchen

Orangensaft

Achten Sie immer darauf, daß Sie hun-
dertprozentige Fruchtsäfte ohne Zucker-
zusatz kaufen und nach Möglichkeit keinen Nektar. Denn in der Regel besteht ein
Fruchtnektar nur zur Hälfte aus Saft, der
Rest ist nur gesüßtes Wasser.

PRO DRINK:
208 KCAL
3 g EW • 2 g F
41 g KH

power

Weißkohl-Seelachs-

mit roten Paprikaschoten auf Kohl-Curry-Gemüse

Päckchen

Vom Weißkohl die äußeren Blätter entfernen und 8 weitere Blätter im Ganzen vor-
sichtig ablösen, eventuell den ganzen Kohl vorher kurz blanchieren. Die Blätter in
kochendem Salzwasser 12 Minuten kochen. Inzwischen vom
Weißkohl die Hälfte ohne Strunk kleinschneiden. In einem weiten Topf den Fischfond zum Kochen bringen und den Kohl darin
10 Minuten kochen lassen. Die Paprikaschoten halbieren, die
Stielansätze, Kerne und Trennhäutchen entfernen, die Hälften
waschen und kleinschneiden. Die großen Weißkohlblätter abtropfen lassen und auslegen. Das Seelachsfilet vierteln, je ein
Viertel auf ein Weißkohlblatt legen, salzen, pfeffern und mit
etwas Zitronensaft beträufeln. Je 1 Eßlöffel Paprikastücke darauf
verteilen. Für die Päckchen jeweils das zweite Weißkohlblatt um
die Paprikastücke und den Fisch wickeln.

Zutaten für 2 Personen:
1 kleiner Weißkohl (etwa 1,2 kg)
Jodsalz
400 ml Fischfond (aus dem
Glas)
2 große rote Paprikaschoten
(etwa 400 g)
400 g Seelachsfilet
weißer Pfeffer
einige Spritzer Zitronensaft
Currypulver oder indische
Currypaste
2 EL gehackte Petersilie

Die übrigen Paprikastücke in den weiten Topf geben. Pikant mit Currypulver oder
1 Eßlöffel Currypaste, Salz, Pfeffer und Zitronensaft abschmecken. Die Weißkohl-
Seelachs-Päckchen darauf legen und bei mittlerer Hitze etwa 8 Minuten garen. Die
Päckchen mit dem Weißkohl-Paprikagemüse anrichten und mit Petersilie bestreut
servieren. Dazu passen sehr gut Kartoffeln.

power

PRO PORTION: 297 KCAL • 43 g EW • 3 g F • 27 g KH

Rinderfilet

für Fleischliebhaber zum Genießen

mit Brokkoli-Reis

Thymian- und Rosmarinblätter von den Stengeln zupfen. Die Blättchen waschen, kleinschneiden und mit dem Öl in einer Schüssel verrühren.

Zutaten für 2 Personen:

1 Zweig Thymian
1 Zweig Rosmarin
1 TL Pflanzenöl
150 g Rinderfilet
75 g parboiled Reis
150 ml Rinderfond
(aus dem Glas)
300 g Brokkoli
1 Prise Muskatnuß
Jodsalz
schwarzer Pfeffer

Das Rinderfilet mit dem Kräuteröl bestreichen. Eine beschichtete Pfanne erhitzen. Das Filet darin bei mittlerer Hitze rundherum anbraten, herausnehmen, in Alufolie wickeln und warm stellen. Den Reis in derselben Pfanne bei schwacher Hitze anrösten, mit Rinderfond ablöschen und 15 Minuten quellen lassen. Inzwischen den Brokkoli putzen und waschen. Die Röschen abschneiden und nach etwa 5 Minuten zum Reis geben und 10 Minuten mitgaren. Den Reis mit Muskat, Salz und Pfeffer abschmecken. Das Rinderfilet aus der Folie wickeln, durchschneiden und mit dem Brokkoli-Reis auf Tellern anrichten und sofort servieren.

power

PRO PORTION: 274 KCAL • 23 g EW • 5 g F • 33 g KH

36

Nudelauflauf
besonders viel Vitamin B₂ für mehr Energie

mit Thunfisch

Die Nudeln in Salzwasser in 8–10 Minuten bißfest garen. Den Backofen auf 180° vorheizen. Die Zwiebeln schälen und kleinschneiden. Das Öl in einer Pfanne erhitzen und die Zwiebeln darin bei mittlerer Hitze dünsten. Champignons waschen, putzen, in Scheiben schneiden und dazugeben. Milch zugeben und bei mittlerer Hitze zur Hälfte einkochen lassen. Die Nudeln abgießen und in einem Sieb abtropfen lassen. Thunfisch abtropfen lassen.

Gurken kleinschneiden. Thunfisch, Gurken, Nudeln und Schmand unter die Champignons rühren, salzen und pfeffern. Den Nudelauflauf in einer mittel-großen, runden Auflaufform im Backofen (Mitte) etwa 20 Minuten garen.

Zutaten für 2 Personen:
100 g Bandnudeln (aus Hartweizen)
Jodsalz, 2 Zwiebeln
1 EL Olivenöl
50 g Champignons
100 ml fettarme Milch (1,5 % Fett)
100 g Thunfisch (im eigenen Saft, aus der Dose)
4 kleine Gewürzgurken
2 EL Schmand
Pfeffer

Thunfisch light

Das ohne Öl eingelegte Thunfischfleisch hat in der Regel nicht einmal 1 Prozent Fett. Denn es stammt aus mageren Stücken bestimmter relativ fettarmer Thunfische. Dagegen enthalten die frischen Thunfische, die Sie in Fischgeschäften kaufen können, zwischen 6 und 16 Prozent Fett.

power

PRO PORTION:

316 Kcal

18 g EW • 8 g F

42 g KH

Gemüse-Topf
B-Vitamine für mehr Konzentration und gute Laune
mit Schweinefleisch

Zutaten für 2 Personen:
200 g mageres Schweinefleisch
2 Zwiebeln
1 kleiner Kohlrabi
250 g Kartoffeln
1 TL Butterschmalz
200 g tiefgekühlte Erbsen
400 ml Gemüsebrühe
1 Bund Petersilie
1 Prise Muskatnuß
Jodsalz
schwarzer Pfeffer

Das Fleisch in große Würfel schneiden. Die Zwiebeln schälen und in kleine Würfel schneiden. Kohlrabi und Kartoffeln schälen und ebenfalls in Würfel schneiden. Butterschmalz in einem Topf erhitzen. Das Fleisch und die Zwiebeln bei mittlerer Hitze darin scharf anbraten. Die Kohlrabi- und Kartoffelwürfel mit den unaufgetauten Erbsen zum Fleisch geben. Die Brühe angießen und das Gemüse bei schwacher Hitze 20 Minuten köcheln lassen. Inzwischen die Petersilie waschen, trockenschütteln, die Blätter von den Stengeln zupfen und fein hacken. Die Petersilie zum Eintopf geben und den Eintopf mit Muskat, Salz und Pfeffer abschmecken. Auf Tellern anrichten.

Aufgewärmt am besten

Eintöpfe sind ideal zum Vorbereiten und Mitnehmen. Sie schmecken in der Regel aufgewärmt besser, weil sich die Aromen entwickeln konnten. Und zum Erwärmen reicht ein einfaches Mikrowellengerät.

PRO PORTION:
554 KCAL
63 g EW • 16 g F
39 g KH

power

Staudensellerie-
frisch, fruchtig und vollwertig
Orangen-Reis

Zutaten für 2 Personen: • 1 Zwiebel • 150 g Staudensellerie • 1 TL Pflanzenöl • 100 g Vollkornreis

• Saft von 1 Orange • 2 EL Rosinen • Muskatnuß • Jodsalz • Pfeffer

Die Zwiebel schälen und fein würfeln. Sellerie waschen, putzen und in Scheiben schneiden.

Das Öl erhitzen. Erst die Zwiebeln und den Sellerie, dann den Reis darin bei mittlerer Hitze an-

dünsten. Orangensaft und 150 ml Wasser angießen. Rosinen zugeben und bei schwacher Hitze

30 Minuten quellen lassen. Mit Muskat, Salz und Pfeffer abschmecken. Dazu paßt Baguette.

power

PRO PORTION: 253 KCAL • 6 g EW • 3 g F • 52 g KH

Kartoffeln mit
reich an Ballast- und Aktivstoffen
Sprossen-Sahne

Zutaten für 2 Personen: • 500 g festkochende Kartoffeln • 50 g Mungobohnensprossen

• 2 EL saure Sahne • Jodsalz • Pfeffer • Muskatnuß • 3 EL Sesamsamen

Die Kartoffeln in etwa 25 Minuten garen. Die Mungobohnensprossen waschen und mit saurer

Sahne verrrühen, mit Salz, Pfeffer und etwas Muskat abschmecken. Die Sesamsamen in einer

Pfanne ohne Fett goldbraun rösten. Die Kartoffeln pellen, halbieren, mit der Sprossen-Sahne

servieren und alles mit den gerösteten Sesamsamen bestreuen. Dazu paßt ein Blattsalat.

power

PRO PORTION: 208 KCAL • 7 g EW • 6 g F • 32 g KH

Kartoffel-Sellerie-

mit reichlich Ballaststoffen

Auflauf

Den Backofen auf 200° vorheizen. Inzwischen die Kartoffeln und den Sellerie schälen. Kartoffeln in dickere Scheiben und den Sellerie in sehr dünne Scheiben schneiden.

Den Lauch gründlich waschen, putzen, dann den weißen und hellgrünen Teil in Scheiben schneiden. Den Schinken in Streifen schneiden. Die Petersilie waschen, trockenschütteln, die Blättchen von den Stengeln zupfen und hacken.

Eine mittelgroße Auflaufform mit wenig Fett einfetten. Die Kartoffel- und Selleriescheiben, den Lauch und die Schinkenstreifen in die Form schichten.

Die Gemüsebrühe, das Ei und die Petersilie mit einem Schneebesen verrühren, mit Muskat, Salz und Pfeffer abschmecken. Die Mischung gleichmäßig über den Auflauf geben und im Backofen (Mitte) etwa 30 Minuten garen.

Zutaten für 2 Personen:

3 mehligkochende Kartoffeln (etwa 500 g)
1/2 kleiner Knollensellerie
1 Lauchstange
50 g gekochten mageren Schinken
1 Bund Petersilie
Fett für die Form
150 ml Gemüsebrühe
1 Ei, 1 Prise Muskatnuß
Jodsalz
weißer Pfeffer

Knollensellerie

Achten Sie beim Einkauf von Sellerie auf einen angenehm-süßlichen Geruch. Das frische, grüne Selleriekraut an der Knolle weist darauf hin, daß die Knolle noch knackig ist. Und Vorsicht vor einer Knolle, die auffallend wenig wiegt: Sie könnte innen holzig sein!

PRO PORTION:

220 KCAL

15 g EW • 7 g F

24 g KH

power

Gemüsereis
mit vielen Fitmacher-Vitaminen
mit Parmesan

Die Gemüsebrühe in einem Topf zum Kochen bringen. Den Naturreis dazu geben und darin bei schwacher Hitze 30–40 Minuten quellen lassen. Den Brokkoli waschen, putzen und die kleinen Röschen abschneiden. Die Paprikaschoten halbieren, von Stielansätzen, Kernen und Trennhäutchen befreien, waschen und in kleine Würfel schneiden. Nach 10 Minuten Garzeit die Brokkoliröschen und Paprikawürfel zum Reis geben und 20 Minuten mitgaren. Den Parmesan reiben und unter den Reis mischen. Den Gemüsereis mit Salz, Pfeffer und Muskat abschmecken. Basilikum waschen, trockenschütteln, die Blättchen von den Stengeln zupfen und grob hacken. Den Gemüsereis auf Tellern anrichten und mit Basilikum bestreut servieren.

Zutaten für 2 Personen:
200 ml Gemüsebrühe
100 g Vollkornreis
150 g Brokkoli
je 1 große rote und
gelbe Paprikaschote
50 g Parmesan
Jodsalz
schwarzer Pfeffer
Muskatnuß
5 Zweige Basilikum

Gewußt wie ...

Wollen Sie den Gemüsereis mit in den Job nehmen, dann streuen Sie den geriebenen Parmesan und das gehackte Basilikum erst direkt vor dem Essen darüber. Denn beim Warmmachen verklebt der Käse den Reis, und das Basilikum verliert an Geschmack.

Pro Portion:
449 Kcal
34 g EW • 14 g F
47 g KH

Zucchini-

mit einer Prise Asien aus Soja, Curry und Koriander

Geflügelsuppe

Die Hähnchenbrust sorgfältig waschen und in kleine Würfel schneiden. In einer Schüssel Sojasauce und Traubensaft mischen. Die Fleischwürfel darin etwa 30 Minuten marinieren. Die Geflügelbrühe in einem Topf aufkochen. Den Reis in die kochende Geflügelbrühe geben und darin bei schwacher Hitze 10 Minuten quellen lassen.

Inzwischen den Zucchino putzen, schälen und in Stücke schneiden. Die Zucchinistücke und die Hähnchenbruststücke mit der Marinade zur Brühe geben und alles einmal kurz aufkochen. Eventuell etwas Wasser zur Suppe geben. Die Geflügelsuppe mit Curry, Salz und Pfeffer abschmecken. Den Koriander waschen. Die Suppe damit garnieren und servieren.

Zutaten für 2 Personen:
100 g Hähnchenbrust
1 TL Sojasauce
2 EL Traubensaft
600 ml Geflügelfond
(aus dem Glas)
50 g parboiled Reis
1 Zucchino
Currypulver
Jodsalz
schwarzer Pfeffer
1 Zweig Koriander

Quillt ganz von selbst

Wenn Sie die Suppe vorkochen, dann lassen Sie den Reis nicht quellen, damit er nicht weich und matschig wird. Denn durch das Stehenlassen und Aufwärmen quillt der Reis ohnehin auf.

PRO PORTION:
167 KCAL
18 g EW • 3 g F
27 g KH

power

Rindfleisch
Kurzgebratenes zum Schlemmen
mit Champignons

Die Champignons putzen, mit Küchenpapier abreiben und in Scheiben schneiden. Zitronensaft mit Aceto balsamico, Fleischfond, Salz und Pfeffer verrühren. Die Champignonscheiben darin etwa 30 Minuten marinieren. Den Backofen auf 200° vorheizen. Etwa 300 ml Salzwasser zum Kochen bringen. Den Reis darin bei schwacher Hitze etwa 15 Minuten quellen lassen. Das Öl in einer ofenfesten Pfanne erhitzen und das Rindfleisch bei starker Hitze von beiden Seiten kräftig anbraten, bis es auf Fingerdruck kaum mehr nachgibt. Mit Salz und Pfeffer würzen. Das Fleisch dick mit Champignonscheiben belegen. Mit Parmesan bestreuen und im Ofen (Mitte) etwa 5 Minuten überbacken. Mit dem Reis servieren.

Zutaten für 2 Personen:
150 g Champignons
2 TL Zitronensaft
1 TL Aceto balsamico
100 ml Fleischfond
(aus dem Glas)
Jodsalz
Pfeffer
150 g Basmatireis
2 TL Olivenöl
2 Scheiben fettarmes Rindfleisch (je etwa 150 g)
2 TL frisch geriebener Parmesan

Rindfleisch

Neben dem Filet und dem Roastbeef sind Rindfleischstücke aus der Oberschale oder der Kugel, auch Nuß oder Blume genannt, besonders fettarm. Damit das Fleisch beim Braten nicht zäh und trocken wird, sollte es mit feinen Fettadern durchzogen (marmoriert) sein.

power

PRO PORTION:
461 KCAL
39 g EW • 7 g F
58 g KH

Nudeln
sehr guter Jodlieferant – das hält fit
mit Krabben

Zutaten für 2 Personen: • 150 g Nudeln (aus Hartweizen) • Jodsalz • 1 kleine Zwiebel • 2 TL Olivenöl
• 1 Bund Basilikum • 4 EL saure Sahne • Senf • 150 g ausgelöste Krabben • Pfeffer

Nudeln in Salzwasser in 10 Minuten bißfest garen. Zwiebel schälen und kleinschneiden. Das Öl erhitzen und die Zwiebel darin glasig dünsten. Basilikum waschen, trockenschütteln und hacken. Mit saurer Sahne, etwas Senf und Krabben vermischen. Zu den Zwiebeln geben und mit Salz und Pfeffer abschmecken. Nudeln abtropfen lassen, darin wenden und servieren.

PRO PORTION: 367 Kcal • 25 g EW • 8 g F • 55 g KH

Überbackene
dazu Basmatireis servieren
Fenchelhälften

Zutaten für 2 Personen: • 2 Fenchel • Jodsalz • 100 g Lachsschinken • 1/2 Bund Petersilie • 2 TL Zitronensaft • 3 EL Tomatenpüree (Fertigprodukt) • 50 g Schmand • Pfeffer • 1 EL geriebener Parmesan

Fenchel putzen, halbieren und 15 Minuten in Salzwasser dünsten. Etwas Fenchelwasser in eine flache Auflaufform geben und den Fenchel hineinsetzen. Ofen auf 200° vorheizen. Schinken kleinschneiden. Petersilie waschen und hacken. Schinken, Petersilie, Zitronensaft, Tomatenpüree und Schmand verrühren, salzen und pfeffern. Auf den Fenchel geben, mit Parmesan bestreut im Ofen (Mitte) 20 Minuten überbacken.

PRO PORTION: 223 Kcal • 25 g EW • 10 g F • 7 g KH

Asienpfanne
mit frischem Ingwer und Kokosmilch
mit Schweinefilet

Den Reis in 200 ml kochendes Salzwasser geben und bei schwacher Hitze 15 Minuten quellen lassen. Inzwischen die Fleischbrühe aufkochen, die Kokosmilch einrühren und bei mittlerer Hitze bis zur Hälfte einkochen lassen. Die Bananen schälen, kleinschneiden, zur Brühe geben und nochmals aufkochen lassen. Die Kokos-Bananensauce mit dem Pürierstab pürieren und beiseite stellen.

Zutaten für 2 Personen:
100 g Basmatireis
Jodsalz
200 ml Fleischbrühe
100 g Kokosmilch
2 Bananen
5 mittelgroße Möhren
3 Frühlingszwiebeln
200 g Schweinefilet
2 TL Pflanzenöl
50 g Mungobohnen
1 Stück Ingwer (walnußgroß)
1/2 Bund Petersilie
Pfeffer

Die Möhren waschen, schälen und in Streifen schneiden. Die Frühlingszwiebeln waschen, putzen und schräg in Scheiben schneiden. Das Schweinefilet in Streifen schneiden. Das Öl in einer Pfanne erhitzen. Die Möhren und die Frühlingszwiebeln darin bei mittlerer Hitze 3 Minuten anbraten. Die Filetstreifen zum Gemüse geben und bei schwacher Hitze 5 Minuten mitdünsten. Die Kokos-Bananensauce unterrühren und bei schwacher Hitze 15 Minuten köcheln lassen.

Die Mungobohnen waschen, abtropfen lassen und unterrühren. Den Ingwer schälen und kleinschneiden. Die Petersilie waschen, trockenschütteln und fein hacken. Das Gemüse mit Salz, Pfeffer und Ingwer würzen. Dann die Petersilie dazugeben. Mit Basmatireis auf Tellern anrichten und servieren.

power

PRO PORTION: 474 KCAL • 31 g EW • 48 g F • 72 g KH

Tomaten-
Variante des beliebten Originals
Mozzarella-Boote

Zutaten für 2 Personen:
4 Baguettebrötchen
1 Zwiebel
3 große Tomaten
1 TL Olivenöl
150 ml Gemüsebrühe
4 Zweige Basilikum
100 g Mozzarella
Jodsalz
Pfeffer

Von jedem Brötchen einen Deckel abschneiden. Das weiche Innere heraus-lösen und mit den Deckeln beiseite stellen. Die Zwiebel schälen und klein-schneiden. Die Tomaten waschen, von den Stiel-ansätzen befreien und in Stücke schneiden.

Das Öl in einer Pfanne erhitzen. Die Zwiebeln darin bei mittlerer Hitze glasig braten. Die Tomaten, das Innere der Baguettes und die Brühe hinzufügen und etwa 5 Minuten bei schwacher Hitze köcheln lassen. Inzwischen das Basilikum waschen, trockenschütteln und kleinschneiden. Den Mozzarella abtropfen lassen und würfeln. Die Pfanne von der Herdplatte nehmen, Basilikum und Mozzarella unter die Tomatenmasse mischen. Mit Salz und Pfeffer würzen. Die Tomaten-Mozzarella-Masse in die ausgehöhlten Bröt-chen füllen und die Deckel obenauf setzen. Die Tomaten-Mozzarella-Boote auf Tellern anrichten und sofort servieren.

power

PRO PORTION: 450 KCAL • 21 g EW • 9 g F • 70 g KH

Feldsalat mit
ein kleines Hauptgericht – auch fürs Büro
Forellenfilet

Die Kartoffel in 25 Minuten garen. Den Feldsalat waschen, putzen und gut abtropfen lassen. Die Zwiebel schälen, sehr fein schneiden und in eine Schüssel geben. Die Kartoffel pellen und dazupressen oder mit einer Gabel fein zerdrücken. Mit Gemüsefond, Essig und Olivenöl verrühren. Das Dressing mit Salz und Pfeffer abschmecken.

Die Forellenfilets kurz unterm Grill oder in einer beschichteten Pfanne ohne Fett bei mittlerer Hitze erwärmen. Champignons putzen, mit Küchenpapier abreiben und in dünne Scheiben schneiden.

Den Feldsalat mit dem Dressing vermengen, auf Tellern verteilen, mit den Champignonscheiben garnieren und mit den warmen Forellenfilets und dem Weißbrot servieren.

Zutaten für 2 Personen:
1 mehligkochende Kartoffel
100 g Feldsalat
1 kleine Zwiebel
5 EL Gemüsefond
(aus dem Glas)
2 EL Essig
1 EL Olivenöl
Jodsalz, Pfeffer
2 geräucherte Forellenfilets
2 große Champignons
4 Scheiben Weißbrot

Geräucherte Forellen

Forellenfilets werden bei etwa 60° heiß geräuchert. Bei diesen Temperaturen bleiben die wichtigen ungesättigten Fettsäuren im Fisch erhalten. Daher ist Räucherfisch, egal ob Forelle, Makrele, Hering oder Lachs, eine gesunde Alternative. Der Vorteil für Sie: Räucherfisch können Sie in der Arbeitspause ohne Aufwand auf einem Brötchen genießen.

power

PRO PORTION:
241 KCAL
14 g EW • 7 g F
28 g KH

Polenta-Pizza

Nervennahrung pur gegen den Alltagsstreß

mit Paprika

Die Gemüsebrühe mit etwas Salz aufkochen und den Maisgrieß zugeben. Nochmals aufkochen lassen und bei schwacher Hitze unter Rühren mindestens 30 Minuten quellen lassen, bis sich der Teig gut vom Topfboden löst. Das Backblech einfetten. Aus dem Polentateig Kugeln formen, dann rund als kleine Pizzaböden auf dem Blech ausstreichen. Den Backofen auf 200° vorheizen.

Das Öl mit dem Tomatenmark verrühren. Oregano, Basilikum und Thymian waschen, trockenschütteln, die Blättchen von den Stengeln zupfen und fein hacken. Den Knoblauch schälen, zerdrücken und zusammen mit den Kräutern unter das Tomatenmark rühren. Mit Pfeffer abschmecken. Die Masse auf den Polenta-Pizzen verteilen.

Die Zwiebel schälen und klein würfeln. Die Tomaten waschen, von den Stielansätzen befreien und in Stücke schneiden. Die Paprikaschote halbieren, von Stielansatz, Kernen und Trennhäuten befreien, waschen und kleinschneiden. Zwiebeln, Tomaten- und Paprikastücke auf den Polentapizzen verteilen und mit Käse bestreuen. Die Pizzen im Backofen (Mitte) etwa 15 Minuten überbacken.

Zutaten für 2 Personen:
1/2 l Gemüsebrühe
Jodsalz
100 g Maisgrieß
1 EL Olivenöl
2 EL Tomatenmark
1 Zweig Oregano
3 Zweige Basilikum
2 Zweige Thymian
1 Knoblauchzehe
schwarzer Pfeffer
1 kleine Zwiebel
2 Tomaten
1 grüne Paprikaschote
2 EL geriebener Parmesan

power

PRO PORTION: 321 KCAL • 12 g EW • 10 g F • 47 g KH

Früchtegelee
in Form
frisches Obst einmal ganz anders

Die Gelatine 5 Minuten in reichlich kaltem Wasser einweichen. Die Banane schälen und in Scheiben schneiden. Die Beeren waschen, verlesen und abtropfen lassen, größere Beeren halbieren. Die Mandarinen schälen und die Fruchtfilets mit einem Messer aus den Fruchthäuten trennen.

Den Traubensaft in einem Topf aufkochen. Gelatine leicht ausdrücken und darin auflösen. Den Zucker unterrühren. Den Boden von 2 Portionsförmchen oder Gläsern dünn mit Traubensaft ausgießen. Die Früchte einschichten und den restlichen Traubensaft darüber gießen. Die Früchte 4 Stunden im Kühlschrank kalt stellen und fest werden lassen. Vor dem Servieren das Gelee mit einem Messer vom Rand lösen. Die Förmchen kurz in heißes Wasser stellen und das Gelee auf Teller stürzen.

Zutaten für 2 Personen:

4 Blätter Gelatine

1 Banane

200 g Beeren der Saison

2 Mandarinen

200 ml heller Traubensaft

1 EL Zucker

Voll vegetarisch

Wer Gelatine ablehnt, weil sie aus Tierknochen gewonnen wird, der nimmt Agar-Agar. Es wird aus Algen hergestellt und ist im Reformhaus zu bekommen. Für dieses Rezept knapp 1 Teelöffel Agar-Agar-Pulver mit 1 Eßlöffel Wasser verrühren. Danach das Agar-Agar in den kochenden Traubensaft geben.

PRO PORTION:

150 KCAL

5 g EW • 1 g F

31 g KH

Süßer Hirserisotto
idealer Mix – viel Eisen und Vitamin C
mit Mango

Zutaten für 2 Personen:
100 ml fettarme Milch
(1,5 % Fett)
50 g Hirse
2 EL fettarmer Joghurt
(1,5 % Fett)
1 TL Honig
1 TL Zimtpulver
1 Mango
1 Orange
1 TL Pistazienkerne

Die Milch in einem Topf aufkochen. Die Hirse zugeben und bei schwacher Hitze 20 Minuten quellen lassen. Den Topf mit der Hirse beiseite stellen und einige Minuten abkühlen lassen. Den Joghurt, Honig und Zimt unterrühren.

Mango links und rechts vom Stein durchschneiden. Das Fruchtfleisch von der Schale lösen und kleinschneiden. Die Orange schälen, dabei auch die weiße Haut vollständig entfernen. Die Fruchtsegmente mit einem Messer zwischen den Trennhäuten herausschneiden. Mangostücke und Orangenfilets unter die Creme heben. Den Hirserisotto in Dessertgläser geben und mit Pistazien bestreut servieren.

Hirse

Dieses Getreide hat doppelt so viel Eisen wie Roggen oder Weizen und besitzt auch mehr Magnesium als unsere einheimischen Getreidesorten. Genau das Richtige, um sich gegen den Streß zu wappnen. Wer den Hirserisotto nicht so körnig mag, nimmt etwas mehr Milch und läßt ihn länger zum Nachquellen stehen.

PRO PORTION:
205 KCAL
6 g EW • 4 g F
37 g KH

power

Überbackene
mit Vanille-Honig-Quark und Mandeln
Pfirsiche

Zutaten für 2 Personen: • 100 g Magerquark • 1 TL Honig • 2 TL Vanillezucker • 2 Pfirsiche

• 2 TL Mandelblättchen

Backofen auf 200° vorheizen. Quark mit Honig und Vanillezucker verrühren. Pfirsiche waschen und entsteinen. Den Quark in die Pfirsichhälften geben. Die Pfirsichhälften in zwei kleine, feuerfeste Formen setzen und im Ofen (Mitte) 10 Minuten erhitzen. Mandeln in einer beschichteten Pfanne ohne Fett goldbraun rösten. Die Pfirsiche damit bestreuen und warm servieren.

PRO PORTION: 122 KCAL • 8 g EW • 1 g F • 19 g KH

Trauben im
süße Energiequelle – schmeckt auch als Hauptgericht
Quarkauflauf

Zutaten für 2 Personen: • 1 Banane • 250 g Magerquark • 150 g grüne, kernlose Weintrauben

• 1 Ei • 2 TL Zucker • Zimtpulver • 1/2 TL Öl

Den Backofen auf 200° vorheizen. Banane schälen, zerdrücken und mit Quark verrühren. Weintrauben waschen, von den Stengeln zupfen und halbieren. Ei trennen. Trauben und Eigelb unter den Quark rühren. Eiweiß mit Zucker und etwas Zimt steif schlagen. Eischnee unter die Quarkmasse heben. Eine kleine Auflaufform einfetten, die Masse hineingeben und im Ofen (Mitte) 15 Minuten überbacken.

PRO PORTION: 232 KCAL • 21 g EW • 4 g F • 32 g KH

Polenta-Früchtebrot
schmeckt auch als Kuchen ausgezeichnet
mit Vanillesauce

Zutaten für 2 Personen:
100 g Maismehl
2 EL Weizenmehl
1 TL Backpulver
Jodsalz
100 ml Buttermilch
1 Ei
1 EL Honig
etwas Fett für die Form
200 g Früchte der Saison
Zucker
2 TL Stärkemehl
200 ml Milch
1 Vanilleschote

Den Backofen auf 200° vorheizen. Das Mais- und Weizenmehl, Backpulver und etwas Salz in einer Schüssel mischen. Die Buttermilch, das Ei und den Honig zugeben und verrühren. Eine kleine, flache Auflaufform einfetten. Den Maisteig in die Form geben. Die Früchte waschen, putzen und kleinschneiden. Saure Früchte nach Belieben zuckern. Früchte auf den Maisteig geben. Das Früchtebrot im Backofen (Mitte) etwa 20 Minuten backen. Inzwischen das Stärkemehl mit 1 Eßlöffel Milch in einem Schälchen anrühren. Die restliche Milch aufkochen, die Stärke zugeben und unter Rühren nochmals aufkochen lassen. Die Vanilleschote längs aufschlitzen, das Mark mit einem Messer über der Milch herauskratzen. Die Vanillesauce nach Belieben zuckern und extra zum Polenta-Brot servieren.

power

PRO PORTION: 317 KCAL • 11 g EW • 5 g F • 57 g KH

Register

Low Fat – fürs Büro und unterwegs

▶ **Abkürzungen**

TL = Teelöffel
EL = Eßlöffel
kcal = Kilokalorien

EW = Eiweiß
F   = Fett
KH = Kohlenhydrate

Impressum

© 2000 Gräfe und Unzer Verlag GmbH München.

Redaktion: Ina Schröter
Lektorat: Dipl. oec. troph. Maryna Zimdars
Umschlaggestaltung: independent Medien-Design, Claudia Fillmann
Innenlayout: Heinz Kraxenberger
Herstellung: Helmut Giersberg
Fotos: FoodPhotography Eising, München
Satz: Johannes Kojer
Reproduktion: Repro Schmidt, Dornbirn
Druck: Appl, Wemding
Bindung: Sellier, Freising
ISBN: 3-7742-1694-0

Auflage: 5. 4. 3. 2. 1.
Jahr: 04 03 02 01 2000

Friedrich Bohlmann arbeitet als Ernährungswissenschaftler und Ernährungsberater, schreibt seit Jahren als Fachjournalist für große deutsche Zeitschriften und ist Ernährungsexperte in der täglichen Fernsehsendung »Leben und Wohnen«. Einige Ratgeberbücher tragen seinen Namen. Für seine Arbeit bekam er den Journalistenpreis der Deutschen Gesellschaft für Ernährung.

Susie M. und **Pete Eising** haben Studios in München und Kennebunkport, Maine (U.S.A.). Sie studierten an der Fachakademie für Fotodesign in München, wo sie 1991 ihr eigenes Studio für Food Fotografie gründeten.

Für dieses Buch:
Fotografische Gestaltung:
Martina Görlach
Foodstyling:
Monika Schuster

Ein Dankeschön für die Unterstützung bei der Fotoproduktion:
Le Creuset (Notzingen)
Sabre (Paris)
Designer Guild (Deutschland)
LSA (London)

Das Original mit Garantie

IHRE MEINUNG IST UNS WICHTIG. Deshalb möchten wir Ihre Kritik, gerne aber auch Ihr Lob erfahren. Um als führender Ratgeberverlag für Sie noch besser zu werden. Darum: Schreiben Sie uns! Wir freuen uns auf Ihre Post und wünschen Ihnen viel Spaß mit Ihrem GU-Ratgeber.

UNSERE GARANTIE: Sollte ein GU-Ratgeber einmal einen Fehler enthalten, schicken Sie uns das Buch mit einem kleinen Hinweis und der Quittung innerhalb von sechs Monaten nach dem Kauf zurück. Wir tauschen Ihnen den GU-Ratgeber gegen einen anderen zum gleichen oder ähnlichen Thema um.

**Ihr Gräfe und Unzer Verlag
Redaktion Kochen
Postfach 86 03 25
81630 München
Fax: 089/41981-113
e-mail: leserservice@
graefe-und-unzer.de**

3-7742-1476-X

ILSE MARIA FAHRNOW, JÜRGEN HEINRICH FAHRNOW, GÜNTHER SATOR

Gesundheit und Harmonie nach den 5 Elementen

Feng Shui in der Küche

Rezepte für mehr Energie und Lebensfreude. Wohlfühlen und Genießen

木火土金水

3-7742-1168-X

MARLISA SZWILLUS

Nicht nur Schokolade macht glücklich

Rezepte für gute Laune

Happyfood läßt ihre Seele baumeln. Wohlfühlen und dabei genießen

3-7742-1477-8

CHRISTIAN WILLRICH, JÖRN REBBE

Fitness für Herz und Kreislauf

Low cholesterol Low fat

Die angenehme Art, den Cholesterinspiegel zu senken. Abnehmen und dabei genießen

3-7742-1165-5

DAGMAR VON CRAMM

Beauty food

Natürliche Schönheit für Haut und Haar

Der lustvolle Weg zu mehr Vitalität und Ausstrahlung. Mit Pflegetips für Pfirsichhaut.

G|U

Auf die

Die starken jungen Kochbücher

für mehr Vitalität und Wohlbefinden

Dauer

Fit, schlank und schön

mit schnellen Schlemmergerichten

hilft nur

Leichter Einstieg mit vielen Infos, über-

sichtlichen Tabellen und praktischen Tips

Power

Mit Power-Woche für schnellen Erfolg